小学2年生

作文・表《ひょう》現《げん》に

ぐーんと強くなる

学習指導要領対応

KUMON

この 本の つかい方《かた》

- もんだいを はじめる 前《まえ》に、まとめコーナーを 読《よ》みましょう。
- かんまつの **「別冊《べっさつ》解答《かいとう》例《れい》」** は、とり外《はず》して つかいます。
- 書《か》き方《かた》に まよった ときは、作文《さくぶん》の お手本と かいせつを よく 読みましょう。

もくじ

1 自《じ》分《ぶん》の こと ①

自《じ》こしょうかいの 文しょうの 書《か》き方《かた》

友《とも》だちに、自分《じぶん》の ことを 知《し》って もらう ための 文しょうを 書きましょう。

書く こと

- 自分の 名前《なまえ》
- すきな もの・こと
- すきな わけ
- すきな もの・ことの くわしい せつ明《めい》

◆文しょうを 書く 前に、何《なに》を 書くか 考《かん》えて、メモに まとめて おくと、文しょうが 書きやすく なります。

①メモを 作《つく》る。→ ②文しょうを 書く。

◆「すきな わけ」を 書く ときは、「どうしてかと いうと、～からです。」と いう 言《い》い方《かた》で 書こう。

◆「すきな もの・ことの くわしい せつ明」は、それは どんな ものか・とくに どんな ところが すきか・どんな ことを して いるか・これから どう したいかなどを 書こう。

れい

▼はるさん

メモを 作る

❶ 右の まんがを 見て、〈はるさんの メモ〉の （　）に 合《あ》う ことばを 書きましょう。

〈はるさんの メモ〉

名前　野《の》村《むら》はる

・すきな もの・こと

（　　　）を

あつめる こと。

・すきな わけ

いろいろな

（　　　）の

シールが あって、見て

いて 楽しいから。

・すきな もの・ことの くわしい せつ明

とくに、（　　　）

した シールが すき。ほ

かの シールとは、べつの

はこに 入れて いる。

もっと（　　　）、

いろいろな シールを

あつめたい。

文しょうを 書く

2 上の〈はるさんの メモ〉を 見て、〈はるさんの 文しょう〉の（　）に 合う ことばを 書きましょう。うすい 字は なぞりましょう。

〈はるさんの 文しょう〉

名前

ぼくの 名前は、野村はるです。

すきな もの・こと

ぼくは、シールを あつめる ことが

（すきです）。

すきな わけ

（どうしてかというと）、いろいろな

絵や 形の シールが あって、見て いて

（楽しいからです）。

「どうしてかと いうと、〜からです。」と いう 言い方で 書くよ。

すきな もの・ことの くわしい せつ明

とくに、（　　　）が

すきです。ほかの シールとは、べつの

はこに 入れて います。

もっと たくさん、いろいろな シールを

（あつめたいです）。

すきな ことが よく わかる 文しょうが 書けたね！

② 自分《じぶん》の こと ②

友《とも》だちに、自分《じぶん》の ことを 知《し》って もらう ための 文しょうを 書《か》きましょう。

メモを 作《つく》る

生きものや 食《た》べもの、あそび、ペット、よく して いる ことなど、あなたが すきな ものは、何《なに》かな？

❶ あなたの 〈メモ〉を 作りましょう。

〈メモ〉

・それは どんな ものか
・とくに どんな ところが すきか
・どんな ことを して いるか
・これから どう したいか
など、すきな ものの ことが よく わかる ことを 書こう。

名前《なまえ》（　　　）

・すきな もの・こと
（　　　）

・すきな わけ
（　　　から。）

・すきな もの・ことの くわしい せつ明《めい》
（　　　）

文しょうを　書く

2 前《まえ》の　ページの　〈メモ〉を　見て、文しょうを　書きましょう。
うすい　字は　なぞりましょう。

〈メモ〉を　作って、書く　ことを　せいりして　おくと、文しょうが　書きやすく　なるね。

名前

▼どちらかを ◯で　かこもう。

（ぼく・わたし）の　名前は、（　　　　）です。

すきな　もの・こと

（ぼく・わたし）は、（　　　　）がすきです。

すきな　わけ

どうしてかというと、

すきな　もの・ことの　くわしい　せつ明

3 家《か》ぞくの こと ①

家《か》ぞくを しょうかいする 文しょうの 書《か》き方《かた》

あなたの 家ぞくの ことを、友《とも》だちに しょうかいする 文しょうを 書きましょう。

◆しょうかいする 家ぞくを 一人《ひとり》 きめよう。

◆その 人の、いつもの ようすを 思《おも》いうかべよう。

- どんな 人か
- どんな 人かが よく わかる できごと
- その 人の すきな ところ

◆「どんな 人か」は、その 人が じょうずな ことや、いつも して いる こと、家《いえ》に いる ときの ようすなどを 書こう。

れい

メモを 作《つく》る

① 上の まんがを 見て、〈えみさんの メモ〉の （　）に 合《あ》う ことばを 書きましょう。

〈えみさんの メモ〉

・しょうかいする 家ぞく
おばあちゃん
・どんな 人か
（　　　）が じょうず。
・どんな 人かが よく わかる できごと
わたしや お姉ちゃんに、かわいい
（　　　）を あんで くれる。
・すきな ところ
やさしくて、だれとでも すぐ
（　　　）なれる ところ。

文しょうを　書く

2 前《まえ》の　ページの　〈えみさんの　メモ〉を　見て、〈えみさんの　文しょう〉の（　）に　合う　ことばを　書きましょう。うすい　字は　なぞりましょう。

〈えみさんの　文しょう〉

しょうかいする　家ぞく

どんな　人か

どんな　人かが　よく　わかる　できごと

すきな　ところ

わたしの（おばあちゃんをしょうかいします）。

（おばあちゃんは）、あみものが（じょうずです）。わたしや　お姉ちゃんに、かわいい　セーターを（　　　）。

わたしは、（おばあちゃんの）、（　　　）、だれとでも　すぐ（　　　）なれる（ところがすきです）。

「〜です。」「〜ます。」などの、ていねいな　言《い》い方《かた》で　書くよ。

とっても　すてきな　おばあちゃんだね。よく　わかったよ！

4 家《か》ぞくの こと ②

あなたの 家《か》ぞくの ことを、友《とも》だちに
しょうかいする 文しょうを 書《か》きましょう。

メモを 作《つく》る

あなたは、だれの ことを
しょうかいしたいかな？
その 人の、いつもの ようすを
思《おも》いうかべて みよう。

① あなたの 〈メモ〉を 作りましょう。

〈メモ〉

・じょうずな こと
・いつも して いる こと
・家《いえ》に いる ときの ようす
などを 書こう。

「どんな 人か」に 書いた ことに ついて、そう 思った できごとを 書こう。

・しょうかいする 家ぞく

・どんな 人か

・どんな 人かが よく わかる できごと

・すきな ところ

文しょうを　書く

2 前《まえ》の　ページの　〈メモ〉を　見て、文しょうを　書きましょう。
うすい　字は　なぞりましょう。

書《か》き方《かた》が　わからない　ときは、9ページを　見て　みよう。

しょうかいする　家ぞく

どんな　人か

どんな　人かが　よく　わかる　できごと

すきな　ところ

▼どちらかを　◯で　かこもう。

（ぼく・わたし）の（　　　　をしょうかいします）。

（　　　　）は、（　　　　）。

（　　　　　　　　）

（ぼく・わたし）は、（　　　　）の、

（　　　　がすきです。）

5 友《とも》だちの こと ①

友《とも》だちを しょうかいする 文しょうの 書《か》き方《かた》

友だちの ことを、ほかの 友だちに しょうかいする 文しょうを 書きましょう。

◆しょうかいする 友だちを 一人《ひとり》 きめよう。

◆その 人の、いつもの ようすを 思《おも》いうかべよう。

・どんな 人か
・どんな 人かが よく わかる できごと
・その 人の すきな ところ

◆「どんな 人か」は、その 人が じょうずな ことや、いつも して いる こと、学校に いる ときの ようす などを 書こう。

れい

メモを 作《つく》る

1 上の まんがを 見て、〈はるさんの メモ〉の （ ）に 合《あ》う ことばを 書きましょう。

〈はるさんの メモ〉

・しょうかいする 友だち
森本だいきさん

・どんな 人か
いつも おもしろい ことを 言って、みんなを （　　）いる。

・どんな 人かが よく わかる できごと
この前も、休み時間に （　　）を やって くれて、みんな、じゅぎょうが はじまるまで 大わらいした。

・すきな ところ
足が はやくて、（　　）が かっこいい ところ。

文しょうを　書く

2 前の　ページの〈はるさんの　メモ〉を　見て、〈はるさんの　文しょう〉の（　）に　合う　ことばを　書きましょう。うすい　字は　なぞりましょう。

〈はるさんの　文しょう〉

しょうかいする友だち

ぼくの（友だちの）、森本だいきさんを
（しょうかいします）。

どんな人か

（だいきさんは）、いつも　おもしろい　ことを　言って、
みんなを（　　　）。この前も、

どんな　人かが　よく　わかる　できごと

休み時間に（　　　）、みんな、
じゅぎょうが　はじまるまで（　　　しました）。

（ぼくは、だいきさんの）、足が　はやくて、

すきな　ところ

走り方が（　　　ところがすきです）。

はじめに、だれを　しょうかいするかを　書くと、わかりやすい　文しょうに　なるね。

だいきさんの　いつもの　ようすが　つたわって　くるね！

6 友《とも》だちの こと ②

あなたの 友《とも》だちの ことを、ほかの 友だちに しょうかいする 文しょうを 書《か》きましょう。

メモを 作《つく》る

クラスの 友だちでも、いつも いっしょに あそんで いる 友だちでも いいよ。

その 人の ことが、よく わかるように、書こう！

1. あなたの 〈メモ〉を 作りましょう。

〈メモ〉

・じょうずな こと
・いつも して いる こと
・学校に いる ときの ようす
などを 書こう。

「どんな 人か」に 書いた ことに ついて、そう 思《おも》った できごとを 書こう。

・しょうかいする 友だち
（　　　　）

・どんな 人か
（　　　　）

・どんな 人かが よく わかる できごと
（　　　　）

・すきな ところ
（　　　　）

文しょうを 書く

2 前《まえ》の ページの 〈メモ〉を 見て、文しょうを 書きましょう。
うすい 字は なぞりましょう。

しょうかいする 友だち

▶どちらかを ◯で かこもう。

（ぼく・わたし）の（友だちの）、
（　　　をしょうかいします）。

どんな 人か

（　　　）は、（　　　）。

どんな 人かが よく わかる できごと

（ぼく・わたし）は、（　　　）の、

すきな ところ

がすきです。

「どんな 人かが よく わかる できごと」は、「どんな 人か」と つながりが ある ことを 書けたかな？

7 先生の こと ①

先生を しょうかいする 文しょうの 書《か》き方《かた》

あなたの クラスの 先生の ことを、おうちの 人に しょうかいする 文しょうを 書きましょう。

◆先生の いつもの ようすを 思《おも》いうかべよう。

- どんな 人か
- どんな 人かが よく わかる できごと
- 先生の すきな ところ

れい

メモを 作《つく》る

① 上の まんがを 見て、〈えみさんの メモ〉の（ ）に 合《あ》う ことばを 書きましょう。

〈えみさんの メモ〉

・しょうかいする 先生
池田さおり先生

・どんな 人か
みんなの ことを（　　　）とき、
いつも「（　　　）。」と 言う。

・どんな 人かが よく わかる できごと
わたしが、算数の 時間に もんだいに
答えた ときも、「正かい。えみさん、
すごい。」と ほめて くれた。

・すきな ところ
ノートに、（　　　）を いっぱい
かいて くれる ところ。

文しょうを 書く

2 前《まえ》の ページの 〈えみさんの メモ〉を 見て、〈えみさんの 文しょう〉の （　）に 合う ことばを 書きましょう。うすい 字は なぞりましょう。

〈えみさんの 文しょう〉

しょうかいする 先生

どんな 人か

どんな 人かが よく わかる できごと

すきな ところ

わたしの クラスの 池田さおり先生を （しょうかいします）。

（池田先生は）、みんなの ことを ほめる とき、いつも 「すごい。」と （　　　　）。

わたしが、算数の 時間に もんだいに 答えた ときも、「正かい。えみさん、（　　　　）。」と （ほめてくれました）。

わたしは、（池田先生の）、ノートに、（　　　　）が （すきです）。

じょうずな ことや、いつも して いる こと、学校に いる ときの ようすなどを 書くと よく わかるね！

8 先生の こと ②

あなたの クラスの 先生の ことを、おうちの 人に しょうかいする 文しょうを 書《か》きましょう。

メモを 作《つく》る

先生の いつもの ようすが、おうちの 人に よく わかるように、書こう。

① あなたの 〈メモ〉を 作りましょう。

〈メモ〉

・じょうずな こと
・いつも して いる こと
・学校に いる ときの ようす
などを 書こう。

「どんな 人か」に 書いた ことに ついて、そう 思《おも》った できごとを 書こう。

・しょうかいする 先生
（　　　　）

・どんな 人か
（　　　　）

・どんな 人かが よく わかる できごと
（　　　　）

・すきな ところ
（　　　　）

文しょうを 書く

2 前《まえ》の ページの 〈メモ〉を 見て、文しょうを 書きましょう。
うすい 字は なぞりましょう。

しょうかいする 先生

どんな 人か

どんな 人かが よく わかる できごと

すきな ところ

▶どちらかを ◯で かこもう。

（ぼく・わたし）の クラスの（　　　　）先生を
しょうかいします。

（先生）は、（　　　　）。

（　　　　　　　　）

（ぼく・わたし）は、（　　　　）の、

（　　　　　　　　）がすきです。

9 学校の こと ①

学校の ことを しょうかいする 文しょうの 書《か》き方《かた》

学校の 中で、すきな 場《ば》しょを、おうちの 人に しょうかいする 文しょうを 書きましょう。

◆その 場しょの ことが、わかりやすく つたわるように、よく 思《おも》い出《だ》そう。

●何《なに》を する 場しょか　●何が あるか

●すきな ところ

◆「すきな ところ」は、すきな わけや、そこで 何を するのが すきかなどを 書こう。

れい

メモを 作《つく》る

① 上の まんがを 見て、〈はるさんの メモ〉の （ ）に 合《あ》う ことばを 書きましょう。

〈はるさんの メモ〉

・しょうかいする 場しょ　校てい

・何を する 場しょか

（　　）を したり、あそんだり する 場しょ。

ぜん校しゅう会も する。

・何が あるか

大きな （　　）の 木が ある。てつぼうや （　　）、のぼりぼうが ある。

・すきな ところ

校ていで、みんなで あそぶのが すき。とくに、（　　）を するのが すき。

文しょうを 書く

2 前《まえ》の ページの 〈はるさんの メモ〉を 見て、〈はるさんの 文しょう〉の （　）に 合う ことばを 書きましょう。うすい 字は なぞりましょう。

〈はるさんの 文しょう〉

しょうかいする 場しょ
何を する 場しょか
何が あるか
すきな ところ

ぼくが、学校で すきな 場しょは、（　　です）。（　　は）、体いくを したり、（　　）する 場しょです。（そのほかに）、ぜん校しゅう会も します。（　　には）、大きな （　　）が あります。（それから）、てつぼうや ぶらんこ、（　　があります）。

ぼくは、校ていで、（　　）のが すきです。とくに、（　　）を するのが （すきです）。

文と 文を つなぐ ことばを つかうと、わかりやすく なるね。

校ていの ことが くわしく 書いて あって、わかりやすいね！

10 学校の こと ②

学校の 中で、あなたが すきな 場《ば》しょを、おうちの 人に しょうかいする 文しょうを 書《か》きましょう。

メモを 作《つく》る

しょうかいする 場しょを 一つ きめたら、ようすを よく 思《おも》い出《だ》そう。

❶ あなたの 〈メモ〉を 作りましょう。

〈メモ〉

・しょうかいする 場しょ

・何《なに》を する 場しょか

・何が あるか

・すきな ところ

・すきな わけ
・そこで 何を するのが すきか
などを 書こう。

文しょうを　書く

❷ 前《まえ》の ページの 〈メモ〉を 見て、文しょうを 書きましょう。
うすい 字は なぞりましょう。

しょうかいする場しょ
何を　する場しょか
何が　あるか
すきな　ところ

▶どちらかを ◯で かこもう。

（ぼく・わたし）が、（学校ですきな場しょは）、
（　　　　　です）。
（　　　　　は）、（　　　　　）。
（　　　　　には）、

（ぼく・わたし）は、

「その　ほかに」や、
「それから」などの、
文と　文を　つなぐ
ことばを　つかっても
いいね。

11 きょう あった こと ①

絵日記《えにっき》の かき方《かた》

その 日に あった ことを、絵と 文しょうで かきましょう。

●楽《たの》しかった こと ●がんばった こと
●うれしかった こと ●おどろいた こと
●はじめて した こと など

◆はじめの 文に、どんな ことが あったかを 書《か》こう。

●どこで ●だれと ●何《なに》を した など

◆した ことや 見た こと、思《おも》った ことを よく 思い出して、じゅん番《ばん》に 書こう。

れい

家《いえ》の 前《まえ》で、バッタを 見つけた ことを 書こう。

メモを 作《つく》る

① 上の まんがを 見て、〈えみさんの メモ〉の （　）に 合《あ》う ことばを 書きましょう。

〈えみさんの メモ〉

●どんな ことが あったか

家の 前で、（　　　）を 見つけた。

●した ことや 見た こと、思った こと

歩《ほ》道《どう》に、（　　　）みたいな ものが おちて いて、よく 見て みたら、バッタだった。

人や 自てん車に （　　　） かわいそうだと 思って、つかまえようと したら、ぴょんと はねて、どこかに 行って しまった。

どこに 行ったんだろう。 また あした、（　　　）と 思った。

2 前《まえ》の　ページの　〈えみさんの　メモ〉を　見て、〈えみさんの　絵日記〉の（　）に　合う　ことばを　書きましょう。うすい　字は　なぞりましょう。

〈えみさんの　絵日記〉

七月五日

どんな　ことが　あったか

した　ことや　見た　こと、思った　こと

（きょう）、家の　前で　（　　　を
見つけました）。
歩道に、はっぱみたいな　ものが　おちて　いて、
よく　見て　みたら、（バッタでした）。
人や　自てん車に　ふまれたら　かわいそうだと　思って、
（　　　）と　したら、ぴょんと
（　　　）、どこかに　行って　しまいました。
どこに　行ったんだろう。（
と思いました）。

きょう あった こと ②

きょう あった ことを、絵《え》と 文しょうで かきましょう。

メモを 作《つく》る

- 楽《たの》しかった こと
- がんばった こと
- うれしかった こと
- おどろいた こと
- はじめて した こと など

あなたは きょう、何《なに》を したかな？ その ときの ことを、よく 思《おも》い出《だ》して みよう！

① あなたの 〈メモ〉を 作りましょう。

〈メモ〉

- どこで
- だれと
- 何を した

などを 書《か》こう。

その ときの ことを よく 思い出して、じゅん番《ばん》に 書こう。

- どんな ことが あったか
- した ことや 見た こと、思った こと

絵《え》日《にっ》記《き》を　書く

2 前《まえ》の　ページの　〈メモ〉を　見て、絵日記を　かきましょう。
うすい　字は　なぞりましょう。その　ときの　ことを
絵に　かきましょう。

◀日づけを　書こう。

月　　日

◀絵を　かこう。

どんな　ことが
あったか

した　ことや　見た　こと、
思った　こと

きょう、

日記を　書いて　おくと、
どんな　ことが　あったかや、
その　ときの　気もちを、
あとから　すぐに
思い出せるよ。

13 学校の 行《ぎょう》じ ①

できごとを 知《し》らせる 文しょうの 書《か》き方《かた》

学校で あった 行《ぎょう》じの ことを 知らせる 文しょうを 書きましょう。

●遠足《えんそく》 ●うんどう会《かい》 ●はっぴょう会 ●交通《こうつう》あんぜん教室《きょうしつ》 など

◆心《こころ》に のこって いる ことを くわしく 書こう。

◆ようすが つたわるように、した ことや 見た こと、思《おも》った ことを 書こう。

れい

メモを 作《つく》る

1 上の まんがを 見て、〈はるさんの メモ〉の （　）に 合《あ》う ことばを 書きましょう。

〈はるさんの メモ〉

・いつ　五月

・行じ　（　　　）

・した ことや 見た こと、思った こと

八十メートル走と、大なわとびと、ダンスに 出た。

八十メートル走の とき、スタートの ところに 立ったら、（　　　）して きた。ゴールが、すごく 遠くに あるみたいだった。

スタートの 音を 聞《き》いた しゅんかん、どきどきが なくなって、一生けんめい うでを ふった。とちゅうで、なおとさんに おいこされた。

ちょっと くやしかったけれど、（　　　）よかった。

❷ 前《まえ》の　ページの　〈はるさんの　メモ〉を　見て、〈はるさんの　文しょう〉の
（　）に　合う　ことばを　書きましょう。うすい　字は　なぞりましょう。

〈はるさんの　文しょう〉

いつ・行じ

した　ことや　見た　こと、思った　こと

五月に、（うんどう会がありました）。
ぼくは、八十メートル走と、大なわとびと、ダンスに　出ました。
八十メートル走の　とき、スタートの　ところに　立ったら、
（どきどきしてきました）。ゴールが、すごく
（　）に　あるみたいでした。スタートの　音を　聞いた
しゅんかん、どきどきが　なくなって、一生けんめい　（　）を
ふりました。とちゅうで、なおとさんに　（おいこされま
した）。
ちょっと　（　）けれど、ころばなくて
（よかったです）。

くわしい　日にちが
わかる　ときは、
「〇月〇日に、」と
書いても　いいね。

はるさんは、
八十メートル走の
ことが、心に
のこって　いるんだね。
その　ときの　ようすが、
よく　わかるよ！

14 学校の 行《ぎょう》じ ②

あなたの 学校で あった 行《ぎょう》じの ことを 知《し》らせる 文しょうを 書《か》きましょう。

メモを 作《つく》る

あなたの 学校では、どんな 行じが あるかな? 楽《たの》しかった ことや がんばった こと、はじめて した ことなどを 思《おも》い出《だ》して みよう!

❶ あなたの 〈メモ〉を 作りましょう。

〈メモ〉

・いつ （　　　　）

・行じ （　　　　）

・した ことや 見た こと、思った こと

とくに 心《こころ》に のこって いる ことに ついて、ようすが よく わかるように、じゅん番《ばん》に 書こう。

文しょうを　書く

2 前《まえ》の　ページの　〈メモ〉を　見て、文しょうを　書きましょう。
うすい　字は　なぞりましょう。

いつ・行じ

（　　　　）に、

（　　　　）がありました。

した　ことや　見た　こと、思った　こと

その　行じの　中で、とくに　あなたが　心に　のこって　いる　ことを　くわしく　書くと、あなたらしい　文しょうに　なるよ。

15 夏休《なつやす》みの　できごと ①

できごとを　知《し》らせる　文しょうの　書《か》き方《かた》

夏休《なつやす》みに　した　ことを、友《とも》だちや　先生に
知らせる　文しょうを　書きましょう。

◆はじめの　文に、した　ことを　書こう。
●どこで　●だれと　●何《なに》を　したか　など

◆ようすを　よく　思《おも》い出《だ》して　書こう。
●した　こと　●見た　こと　●聞《き》いた　こと
●話《はな》した　こと　●思った　こと　など

れい

メモを　作《つく》る

1　上の　まんがを　見て、〈えみさんの　メモ〉の（　）に　合《あ》う　ことばを　書きましょう。

〈えみさんの　メモ〉

●夏休みに　した　こと
家ぞくで、（　　　）に　行った。

●その　ときの　ようす
水中めがねを　つけて　もぐったら、小さい
（　　　）が　たくさん　いた。かわいかった。
弟《おとうと》と、岩《いわ》が　ある　ところに　行った。弟が、
「見て。あそこに（　　　）が　いるよ。」と
言《い》ったので、見て　みたら、カニが　二ひき
いた。ちょんと　さわったら、うごいたから
びっくりした。
みんなで、おべんとうを　食《た》べた。
とても　楽しかった。（　　　）も
海に　あそびに　行きたいな。

2 前《まえ》の　ページの　〈えみさんの　メモ〉を　見て、〈えみさんの　文しょう〉の（　）に　合う　ことばを　書きましょう。うすい　字は　なぞりましょう。

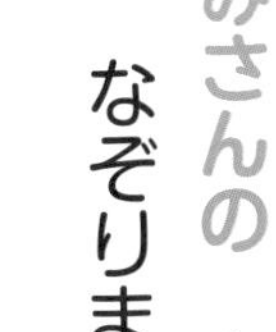

どんな　ことが　あったかが、とても　よく　わかるね！

〈えみさんの　文しょう〉

夏休みに　した　こと

その　ときの　ようす

じゅんじょを　あらわす　ことばを　つかうと、わかりやすく　なるよ。

わたしは、（夏休みに）、家ぞくで（　　に行きました）。
水中めがねを　つけて　もぐったら、小さい　魚が（たくさん
いました）。かわいかったです。
（それから）、弟と、岩が　ある　ところに　行きました。
弟が、
（「見て。あそこに」。）
と　言ったので、見て　みたら、カニが　二ひき　いました。ちょんと
さわったら、うごいたから（　　）。
（そのあと）、みんなで　おべんとうを　食べました。
とても（　　）です。来年も　海に　あそびに　行きたいな
と　思いました。

話した　ことは、行《ぎょう》を　かえて、かぎ（「　」）を　つけて　書くよ。

16

夏《なつ》休《やす》みの できごと ②

あなたが 夏休《なつやす》みに した ことを、友《とも》だちや 先生に 知《し》らせる 文しょうを 書《か》きましょう。

メモを 作《つく》る

夏休みの できごとの 中で、いちばん 心《こころ》に のこって いる ことは 何《なに》かな?

❶ あなたの 〈メモ〉を 作りましょう。

〈メモ〉

- どこで
- だれと
- 何を したか

などを 書こう。

- した こと
- 見た こと
- 聞《き》いた こと
- 話《はな》した こと
- 思《おも》った こと

などを、あった じゅんに 書こう。

・夏休みに した こと

・その ときの ようす

文しょうを 書く

2 前《まえ》の ページの 〈メモ〉を 見て、文しょうを 書きましょう。
うすい 字は なぞりましょう。

夏休みに した こと

その ときの ようす

話した ことには、かぎ（「　」）を つけよう。

◀どちらかを ◯で かこもう。

（ぼく・わたし）は、（夏休みに、

）。

見た ことや 話した ことを 書くと、ようすが、生き生きと つたわって くるよ。

作《つく》り方《かた》を せつ明《めい》する 文《ぶん》しょうの 書《か》き方《かた》

おもちゃの 作り方を わかりやすく せつ明する 文しょうを 書きましょう。

① 作り方を 思《おも》い出《だ》して、ざいりょう・道《どう》ぐ・する ことの じゅんじょを、メモに 書こう。

◆作る ときに 気を つける ことも、書いて おこう。

② メモを もとに、文しょうを 書こう。

◆じゅんじょを あらわす ことばを つかおう。

はじめに・つぎに・それから・さいごに など

れい

ぼくは、「紙《かみ》コップけん玉」の 作り方を せつ明する 文しょうを 書きたいな！

紙コップけん玉

メモを 作る

1 前《まえ》の ページの まんがを 見て、〈はるさんの メモ〉の（　）に 合う ことばを 書きましょう。

〈はるさんの メモ〉

・作る もの

紙コップけん玉

・ざいりょう

・（　　　）　二こ

・毛糸　三十センチメートル

・ティッシュペーパー　三まい

・（　　　）

・道ぐ

（　　　）

作る ときに 気を つける ことも 書こう。

〈作り方〉

① ティッシュペーパーを（　　　）、ビニールテープで まいたら、その 玉を（　　　）の 先に ビニールテープで とめる。

とれないように、（　　　）とめる。

② 毛糸の はんたいの 先を、紙コップの（　　　）に ビニールテープで とめる。

③ もう 一つの 紙コップと、そこを ぴったり（　　　）、ビニールテープで つなぐ。

できあがり。

どこに とめるか など、大切《たいせつ》な せつ明を わすれずに 書こう。

18 作《つく》り方《かた》 ②

文しょうを 書《か》く

❶ 37ページの 〈はるさんの メモ〉を 見て、〈はるさんの 文しょう〉の（　）に 合《あ》う ことばを 書きましょう。うすい 字は なぞりましょう。

〈はるさんの 文しょう〉

じゅんじょを あらわす ことばを つかおう。

紙《かみ》コップけん玉の（作り方をせつ明します）。

・ざいりょう…紙コップ 二こ・毛糸《けいと》 三十センチメートル
ティッシュペーパー 三まい・ビニールテープ

・道《どう》ぐ…はさみ

（はじめに）、ティッシュペーパーを 丸《まる》めて、ビニールテープで まいたら、その 玉を 毛糸の 先に ビニールテープで とめます。

とれないように、（しっかりとめます）。

（つぎに）、毛糸の（　　）を、紙コップの そこに ビニールテープで とめます。

（さいごに）、もう 一つの 紙コップと、（　　）を ぴったり 合わせて、ビニールテープで（　　）。

これで、紙コップけん玉の できあがりです。


はじめに、何《なに》を せつ明《めい》するのかを 書こう。

べつの おもちゃの 作《つく》り方《かた》を せつ明する 文しょうを 書きましょう。

2 つぎの まんがを 見て 答《こた》えましょう。

※きり…あなを あける 道ぐ。

(1) 上の まんがは、何《なん》の 作り方を せつ明して いますか。（　）に ○を つけましょう。

（　）カスタネット

（　）糸電話

（　）ちょ金ばこ

(2) ざいりょうと 道ぐは、何ですか。（　）に 合う ことばを 書きましょう。

・ざいりょう

・紙コップ

・（　　　　）

・つまようじ

（半分に （　　　　） おく。）

・道ぐ

・きり

19 作《つく》り方《かた》 ③

メモを 作《つく》る

1 つぎの まんがを 見て、下の 〈メモ〉の （　）に 合《あ》う ことばを 書《か》きましょう。

〈メモ〉

・作《つく》る もの　糸電話《いとでんわ》

・ざいりょう

・紙コップ 二こ　・糸

・つまようじ 一本（半分《はんぶん》に おって おく。）

・道《どう》ぐ

きり

〈作《つく》り方《かた》〉

① きりで あなを あけて、（　　　）の そこに 糸を 通す。

② 通した 糸の 先に、つまようじを むすびつける。とれないように、しっかり むすぶ。

③ もう 一つの 紙コップも （　　　）する。

④ 糸を ぴんと はって みて、糸が とれないか たしかめる。

できあがり。

文しょうを 書く

2 前《まえ》の ページの 〈メモ〉を 見て、文しょうを 書きます。（　）に 合う ことばを 書きましょう。また、[　]に 入る ことばは、[　]から えらんで 書きましょう。

さいごに
はじめに
つぎに

作り方を 知《し》らない 人にも 正しく つたわるように、わかりやすく せつ明する ことが 大切《たいせつ》だよ。

（　　　　）を せつ明《めい》します。

・ざいりょう…紙コップ 二こ・糸・つまようじ 一本（半分に おって おく。）
・道ぐ…きり

[　　　　]、紙コップの そこに きりで （　　　　）を あけて、糸を 通します。

[　　　　]、通した 糸の 先に、（　　　　）を むすびつけます。とれないように、（　　　　）。

それから、もう 一つの 紙コップも 同じように あなを あけて、糸を 通して、つまようじを むすびつけます。

[　　　　]、糸を ぴんと はって みて、糸が とれないか たしかめます。

これで、糸電話の できあがりです。

20 すきな 本 ①

本を しょうかいする 文しょうの 書《か》き方《かた》

あなたが すきな 本を、友《とも》だちに しょうかいする 文しょうを 書きましょう。

◆文しょうを 読《よ》んだ 人に、その 本を「読んで みたい」と 思《おも》って もらえるように 書こう。

書く こと

- 本の だい名
- どんな 本か
  （・だれが 出て くるか ・どんな お話《はなし》か ・何《なに》に ついて 書いて ある 本か など）
- おもしろい ところや すきな ところ

れい

『おしいれのぼうけん』ふるたたるひ・たばたせいいち作《さく》（童心社《どうしんしゃ》）

メモを 作《つく》る

① 上の まんがを 見て、〈えみさんの メモ〉の（　）に 合う ことばを 書きましょう。

〈えみさんの メモ〉

- 本の だい名「おしいれの ぼうけん」
- どんな本か
  さとしと（　　）と いう 男の子が 出て くる。
  二人が、ほいくえんの おしいれの 中を（　　）する お話。
- おもしろい ところや すきな ところ
  さとしと あきらが、（　　）を 合わせて、こわい ねずみばあさんから（　　）ところが おもしろい。

② 前《まえ》の　ページの　〈えみさんの　メモ〉を　見て、〈えみさんの　文しょう〉の（　）に　合う　ことばを　書きましょう。うすい　字は　なぞりましょう。

〈えみさんの　文しょう〉

本の　だい名

どんな　本か

おもしろい　ところや　すきな　ところ

よびかけの　ことば

わたしが（すきな本は）、（「おしいれのぼうけん」です）。

（この本は）、さとしと　あきらと　いう　男の子が（出てきます）。二人が、ほいくえんの　おしいれの　中を（　　　お話です）。

さとしと　あきらが、力を　合わせて、こわい　ねずみばあさんから（　　がおもしろいです）。

（ぜひ、読んでみてください。）

本の　だい名には、かぎ（「　」）を　つけるよ。

さいごに、文しょうを　読む　人に　よびかける　ことばを　書こう。

おもしろそう！　ぼくも　読んで　みたく　なったよ！

はるさんの　すきな　本も　教《おし》えてね！

あなたが すきな 本を、友《とも》だちに しょうかいする 文しょうを 書《か》きましょう。

メモを 作《つく》る

あなたの お気に入りの 本や、さい近《きん》 読《よ》んで おもしろかった 本は 何《なに》かな？ どんな 本を えらんでも いいよ。

- お話《はなし》の 本
- 生きものや 食《た》べもの、しょくぶつの ことが 書《か》いて ある 本
- 絵《え》や しゃしんが たくさん ある 本

など

① あなたの 〈メモ〉を 作りましょう。

〈メモ〉

・本の だい名
（　　　　）

・どんな 本か

・だれが 出て くるか
・どんな お話か
・何に ついて 書いて ある 本か
などを 書こう。

・おもしろい ところや すきな ところ

とくに 気に 入って いる ところを 書こう。そこを 読んだ ときの 気もちを 書いても いいね。
・わくわくする
・どきどきする
・わらっちゃう
など

文しょうを　書く

2 前《まえ》の　ページの　〈メモ〉を　見て、文しょうを　書きましょう。
うすい　字は　なぞりましょう。

本の
だい名

どんな
本か

おもしろい
ところや
すきな　ところ

よびかけの
ことば

▶どちらかを ◯で かこもう。

（ぼく・わたし）が（すきな本は）、

（「　　　　」です）。

この本は、

（ぜひ、読んでみてください）。

すきな　本を
しょうかいする
文しょうを　書く
れんしゅうは、
読書《どくしょ》かんそう文を
書く　ときにも
やく立つね！

22 読《どく》書《しょ》かんそう文 ①

読《どく》書《しょ》かんそう文の 書《か》き方《かた》

本を 読《よ》んで 心《こころ》に のこった ところや、思《おも》った ことを つたえる 文しょうを 書きましょう。

◆読書かんそう文の 組《く》み立《た》て

はじめ	●その 本を 読んだ わけ ●本の せつ明《めい》
なか	●心に のこった ところと、そこを 読んで 思った こと
おわり	●本を 読んで、強《つよ》く 思った こと

① すきな 本を えらんで 読もう。

・読みながら、心に のこった ところに、紙《かみ》などを はさんで おくと いいね。

② **はじめ**・**なか**・**おわり**に 書く ことを 考《かんが》えて、メモを 作《つく》ろう。

③ メモを もとに して、文しょうを 書こう。

メモを 作る

① すきな 本を えらんで 読みましょう。読んだ 本の だい名を 書きましょう。

〈はるさんの メモ〉

ぼくは、この 本を 読んだよ！

「かいじゅうでんとう」

『かいじゅうでんとう』木村《きむら》裕一《ゆういち》作《さく》・飯野《いいの》和好《かずよし》絵《え》（あかね書房《しょぼう》）

〈あなたの メモ〉

「　　」

あなたが すきな どうぶつや 食《た》べものが 出て くる 本、だい名や 絵《え》を 見て、おもしろそうだなと 思った 本などを えらぶと いいよ。前《まえ》に 読んで おもしろかった 本でも いいよ！

楽《たの》しく 読もう！

② **はじめ**に 書く ことを 考えて 書きましょう。

◆その 本を 読んだ わけ
◆本の せつ明
●何《なに》が 出て くるか ●どんな お話《はなし》か
●どんな ことが 書いて あるか など

◎**「わけ」と「せつ明」の どちらか 一つを 書いても いいし、りょう方《ほう》 書いても いいよ。**

〈はるさんの メモ〉

どんな お話かを 書く ことに したよ。

しょうたが かいじゅうでんとうを ひろって、そこから へんてこな かいじゅうが あらわれる お話。

〈あなたの メモ〉

③ **なか**に 書く ことを 考えて 書きましょう。

◆心に のこった ところと、そこを 読んで 思った こと
●おもしろかった ところ ●おどろいた ところ
●わらった ところ ●かなしく なった ところ
●すきな ところ など

なかを いちばん 長《なが》く 書くよ。
心に のこった ところを 二つ 考えよう。
つぎの ページで あなたも 書いて みよう。

〈はるさんの メモ〉

なか①

●心に のこった ところ
かいじゅうが いろいろな クイズを 出す ところ。
●そこを 読んで 思った こと
ぼくも クイズが すきだから、かいじゅうに クイズを 出して ほしいな。すぐ 答《こた》えが わかる しょうたは すごい。

なか②

●心に のこった ところ
かいじゅうが きえて しまった とき、しょうたが わりこんで きた 子に、自分《じぶん》で もんくを 言《い》う ところ。
●そこを 読んで 思った こと
前の 日に かいじゅうと 何《なん》ども 何ども れんしゅう したから、言えるように なったのかな。

23 読《どく》書《しょ》かんそう文 ②

（47ページ❸の つづき）

〈あなたの メモ〉

なか①

・心《こころ》に のこった ところ

・そこを 読《よ》んで 思《おも》った こと

なか②

・心に のこった ところ

・そこを 読んで 思った こと

---

❹ **おわり**に 書《か》く ことを 考《かん》えて 書きましょう。

◆本を 読んで、強《つよ》く 思った こと

・本 ぜん体《たい》や、とう場人《じょうじん》ぶつに ついて 思った こと

・これから して みたいと 思った こと など

〈はるさんの メモ〉

しょうたは、かいじゅうでんとうの おかげで、少《すこ》し 強く なれたんだ。ぼくも、かいじゅうでんとうを ひろいたい。

〈あなたの メモ〉

文しょうを　書く

5 〈はるさんの　読書かんそう文〉を　読みましょう。うすい　字は　なぞりましょう。

はじめ（メモは46・47ページ）

なか①（メモは47ページ）

なか②（メモは47ページ）

おわり（メモは48ページ）

〈はるさんの　読書かんそう文〉

ぼくは「かいじゅうでんとう」という　本を　読みました。（この本は）、しょうたが　かいじゅうでんとうを　ひろって、そこから　へんてこな　かいじゅうが　あらわれる（お話です）。

（すきなところは）、かいじゅうが　いろいろな　クイズを　出す　ところです。（たとえば）、「なんでも　ほっとけって　いう　えきは、どこの　えき？」などです。ぼくも　クイズが　すきだから、かいじゅうに　クイズを　出して　ほしいと　思いました。すぐ　答《こた》えが　わかる　しょうたは、すごいです。

（心にのこったところは）、かいじゅうが　きえて　しまった　とき、しょうたが　ロープすべりに　わりこんで　きた　大きい　子に、自分《じぶん》で　もんくを　言《い》う　ところです。前《まえ》の　日に　かいじゅうと　何《なん》ども　何ども　れんしゅうしたから、しょうたも　言えるように　なったのかなと　思いました。

（この本を読んで）、しょうたは、かいじゅうでんとうの　おかげで、少し　強く　なれたんだと　思いました。ぼくも、かいじゅうでんとうを　ひろいたいです。

本の　だい名には　かぎ（「　」）を　つけるよ。

本に　書いて　ある　ことを　くわしく　つたえて　いるよ。

本に　書いて　ある　ことを　そのまま　書く　ときは、かぎ（「　」）を　つけるよ。

つぎの　ページで、あなたも　書いて　みよう！

24 読《どく》書《しょ》かんそう文 ③

❶ 46〜48ページの 〈あなたの メモ〉を 見て、〈あなたの 読《どく》書《しょ》かんそう文〉を 書《か》きましょう。

〈あなたの 読書かんそう文〉

はじめ（メモは 46・47ページ）	→	なか①（メモは 48ページ）

なか①を 書く ときは、**はじめ**と 行《ぎょう》を かえて、一字 下げて 書こう。

▼どちらかを ◯で かこもう。

（ぼく・わたし）は「（　　　　）」と いう 本を 読《よ》みました。

なか②
（メモは
48ページ）

なか②を　書く
ときは、**なか①**と
行を　かえて、一字
下げて　書こう。

おわり
（メモは
48ページ）

おわりを　書く
ときは、**なか②**と
行を　かえて、一字
下げて　書こう。

学校などで　読書かんそう文を　書く　ときは、ます目の　ある　原《げん》こう用紙《ようし》を　つかって、さいしょに　だい名と
自分《じぶん》の　名前《なまえ》を　書くよ。96ページの　「原こう用紙の　つかい方《かた》」で　書き方を　たしかめよう。

25 はがき・手紙《てがみ》を 書《か》く ①

はがき・手紙《てがみ》の 書《か》き方《かた》

知《し》らせたい ことを 考《かんが》えて、はがきや 手紙を 書きましょう。

◆だれに 何《なに》を 知らせたいか 考えよう。

●おれいを 言《い》いたい こと ●うれしかった こと

●今《いま》 がんばって いる こと など

◆はがきの おもてに 書く こと

●あい手の ゆうびん番《ばん》ごう・じゅうしょ・名前《なまえ》

●自分《じぶん》の ゆうびん番ごう・じゅうしょ・名前

（手紙の ときは ふうとうの うら）

れい

書く ことを きめる

1 上の まんがを 見て、答《こた》えましょう。

(1) えみさんは、だれに はがきを 書く ことに したでしょう。（　）に ○を つけましょう。

（　　） おじいちゃん

（　　） いとこの ゆうきさん

（　　） ようちえんの まゆみ先生

(2) えみさんは、はがきで どんな ことを 知らせる ことに したでしょう。（　）に 合《あ》う ことばを 書きましょう。

きょ年 のれなかった（　　　　）に、（　　　　）ように なった こと。

はがきを　書く

❷ 前の　ページの　❶を　見て、〈えみさんの　はがき〉の（　）に合う　ことばを　書きましょう。うすい　字は　なぞりましょう。

〈えみさんの　はがき〉

おもて

あい手の　ゆうびん番ごう

あい手の　じゅうしょ

あい手の　名前

123-4567

東京都《とうきょうと》〇〇市《し》

△△町二－一－四

内田《うちだ》　ゆうき　さま

千葉県《ちばけん》□□市

××町一－一－五

青山《あおやま》　えみ

987-6543

自分の　ゆうびん番ごう・じゅうしょ・名前

（手紙の　ときは、ふうとうの　うらに　書くよ。）

あい手の　名前には

「さま」を　つけるよ。

うら

ゆうきさん　（お元気ですか）。

わたしは、きょ年　のれなかった

（　　　）に　のれるように

（なりました）。こんど　ゆうきさんが

わたしの　家《いえ》に　あそびに　来《き》たら、いっしょに

一りん車で　（あそびたいです）。

（では、さようなら）。

青山　えみ

あいさつの　ことば

あいさつの　ことば

はじめや　おわりには、あいさつの　ことばを　書くと　いいよ。

知《し》らせたい ことを 考《かんが》えて、
はがきを 書《か》きましょう。

書く ことを きめる

1 あなたが はがきを 書きたい 人の 名前《なまえ》を 書きましょう。

（　　　　）

2 はがきで 知らせたい ことを 考えて 書きましょう。

（　　　　）

・おれいを 言《い》いたい こと
・うれしかった こと
・今《いま》 がんばって いる こと など

はがきを 書く

3 はがきの おもてを 書きましょう。うすい 字は なぞりましょう。

ゆうびん番《ばん》ごうや じゅうしょに、まちがいが ないか、たしかめよう。

▼あい手の ゆうびん番ごう

□□□-□□□□

◀あい手の じゅうしょ

（　　　　）

◀あい手の 名前

（　　　　） さま

◀自分《じぶん》の じゅうしょ

（　　　　）

◀自分の 名前

（　　　　）

□□□-□□□□

▲自分の ゆうびん番ごう

4 前の ページの **1**・**2**を 見て、はがきの うらを 書きましょう。
うすい 字は なぞりましょう。

あい手の 名前・あいさつの ことば

知らせたい こと
②で 考えた ことを、くわしく 書こう。

あいさつの ことば

（お元気ですか）。

（では、さようなら）。

◀自分の 名前

（　　　）

書きたい ことが たくさん ある ときは、手紙《てがみ》を 書くと いいね。

はがきや 手紙は、あい手の ことを 思《おも》いうかべながら、心《こころ》を こめて ていねいに 書く ことが 大切《たいせつ》だよ。

27 かんさつした こと ①

かんさつした ことを 知《し》らせる 文しょうの 書《か》き方《かた》

みの 回《まわ》りの 生きものや しょくぶつを かんさつして、気づいた ことを 知らせる 文しょうを 書きましょう。

◆かんさつする ものを よく 見て、

●形《かたち》 ●大きさ ●色《いろ》 ●さわった かんじ
●うごき ●音 ●におい

など、気づいた ことを メモに 書こう。

◆にて いる ものや、数字《すうじ》を つかって せつ明《めい》すると、つたわりやすく なります。

れい
・星《ほし》みたいな 形です。
・大きさは、十センチメートルぐらいです。

ぼくは、ベランダで そだてて いる、いちごを かんさつするよ！

メモを 作《つく》る

① 〈はるさんの メモ〉の （　）に 合《あ》う ことばを、□から えらんで 書きましょう。

大きさ・形・色・数《かず》・とがって

〈はるさんの メモ〉

・かんさつした もの　いちご　・かんさつした 日　五月一日

・気づいた こと

・みの （　　）は、十こいじょう。

・（　　）は、丸《まる》くて、下の ほうが 少《すこ》し （　　）いる。

・大きい みの （　　）は、赤。たねは、こい みどり色。

・大きい みの （　　）は、四センチメートルぐらい。

・思《おも》った こと　食《た》べるのが 楽《たの》しみ。

2 前《まえ》の　ページの　〈はるさんの　メモ〉を　見て、〈はるさんの　文しょう〉の
（　）に　合う　ことばを　書きましょう。うすい　字は　なぞりましょう。

〈はるさんの　文しょう〉

五月一日

かんさつした　ときの
いちごの　ようすを、
絵《え》に　かいたよ。

かんさつした　もの

気づいた　こと

思った　こと

（　　）を　かんさつしました。
（みの数は）、十こいじょうです。
形は、（　　）、下の　ほうが　少し
（　　）。大きい
みの　色は、（　　）で、たねは、
こい　みどり色です。大きさは、
（　　
ぐらいです）。
食べるのが（楽しみです）。

数字を　つかって
大きさを　せつ明
しよう。

かんさつした　日を
書いて　おくと、
いつごろ、どんな
ようすだったかが、
すぐに　わかるよ。

かんさつした こと ②

みの 回《まわ》りの 生きものや しょくぶつを かんさつして、気づいた ことを 知《し》らせる 文しょうを 書《か》きましょう。

メモを 作《つく》る

かんさつする ものを きめたら、ようすを ていねいに かんさつして、気づいた ことを、メモに 書こう！

1 あなたの 〈メモ〉を 作りましょう。

〈メモ〉

・かんさつした もの（　　　　）

・かんさつした 日（　　月　　日）

・気づいた こと

・形《かたち》
・大きさ
・色《いろ》
・さわった かんじ
・うごき
・音
・におい
などを 書こう。

・思《おも》った こと

文しょうを　書く

❷ 前《まえ》の　ページの　〈メモ〉を　見て、文しょうを　書きましょう。
うすい　字は　なぞりましょう。
また、かんさつした　ものの　絵《え》も　かきましょう。

▼かんさつした　日を　書こう。

月　　日

▼かんさつした　ものの　絵を　かこう。

かんさつした　もの

（　　　を
かんさつしました）。

気づいた　こと

思った　こと

にて　いる　ものや、数字を
つかって　せつ明して　みよう。

にて　いる　ものや、数字《すうじ》を
つかって　せつ明《めい》すると、
ようすが　つたわるよ。

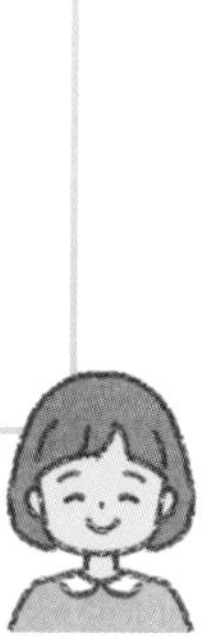

29 人に 聞《き》いた こと ①

聞《き》いた ことを 知《し》らせる 文しょうの 書《か》き方《かた》

み近《ぢか》な 人に、しごとに ついて 聞いた ことを 知らせる 文しょうを 書きましょう。

◆聞く ことを きめてから、話《はなし》を 聞きに 行《い》こう。

◆聞いた ことを わすれない ように、メモに 書こう。

◆人から 聞いた ことは、「〜そうです。」と いう 言《い》い方《かた》で 書こう。

聞く こと

- どんな しごとか
- しごとを して いて うれしいのは、どんな ときか

れい

わたしは、パンやさんに 話を 聞いたよ。

話を 聞く

1 上の まんがを 見て、答《こた》えましょう。

(1) えみさんは、だれに 話を 聞きましたか。合《あ》う ものに ○を つけましょう。

(　) クラスの 先生

(　) 花やさん

(　) パンやさん

(2) (1)の 人は、しごとを して いて うれしいのは、どんな ときだと 話《はな》して いますか。(　)に 合う ことばを 書きましょう。

おきゃくさんが、

「(　　　　)。」と 言って くれた とき。

メモを　作る

2 前《まえ》の　ページの　まんがを　見て、〈えみさんの　メモ〉の　（　）に　合う　ことばを　書きましょう。

〈えみさんの　メモ〉

・話を　聞いた　人
　パンやさん
・どんな　しごとか
　おいしい　パンを（　　　）、
　店で（　　　）こと。
・しごとを　して　いて　うれしいのは、
　どんな　ときか
　（　　　）が、
　「おいしかったよ。」と　言って
　くれた　とき。
・話を　聞いて　思《おも》った　こと
　わたしも　これからは、
　「おいしかったです。」と
　（　　　）ように　しよう。

文しょうを　書く

3 上の　〈えみさんの　メモ〉を　見て、〈えみさんの　文しょう〉の　（　）に　合う　ことばを　書きましょう。
うすい　字は　なぞりましょう。

〈えみさんの　文しょう〉

　わたしは、（　　　）に、しごとに
ついて（話を聞きました）。
　パンやさんの（しごとは）、おいしい
パンを　作って、店で　売る　ことだそうです。
しごとを　して　いて　うれしいのは、
おきゃくさんが、「おいしかったよ。」と　言って
くれる　とき（だそうです）。
（話を聞いて）、わたしも
これからは、「おいしかったです。」と
つたえるように　しようと　思いました。

30 人に 聞《き》いた こと ②

はるさんも、しごとに ついて 話《はなし》を 聞《き》いて、文しょうを 書《か》く ことに したよ。

話を 聞く

メモを 作る

1 上の まんがを 見て、〈はるさんの メモ〉の（　）に 合う ことばを 書きましょう。

〈はるさんの メモ〉

・話を 聞いた 人　お母さん

・どんな しごとか
（　　　　）を 作る 会社で、つかいやすい 文ぼうぐを 考えて、新しく（　　　　）こと。

・しごとを して いて うれしいのは、どんな ときか
何回も 話し合いや 作り直しを して、やっと いい 文ぼうぐが（　　　　）した とき。

・話を 聞いて 思《おも》った こと
たいへんな ことも あるけれど、おもしろそうな しごとだな。

2 前《まえ》の　ページの　〈はるさんの　メモ〉を　見て、〈はるさんの　文しょう〉の（　）に　合う　ことばを　書きましょう。うすい　字は　なぞりましょう。

〈はるさんの　文しょう〉

話を　聞いた　人

どんな　しごとか

しごとを　して　いて　うれしいのは、どんな　ときか

話を　聞いて　思《おも》った　こと

ぼくは、（お母さんに、しごとについて話を聞きました）。

（お母さんのしごとは）、文ぼうぐを　作る　会社で、

［　　　　　　　　］だそうです。

しごとを　して　いて　うれしいのは、何回も　話し合いや　作り直しを　して、

［　　　　　　　　］

（話を聞いて）、たいへんな　ことも　あるけれど、

（　　　　　　　　と　思いました）。

「〜そうです。」と　いう　言《い》い方《かた》を　つかおう。

つぎの　ページで、あなたも　しごとに　ついて　人に　話を　聞いて、文しょうを　書いて　みよう！

31 人に 聞《き》いた こと ③

あなたの み近《ぢか》に いる 人に、しごとに ついて 聞《き》いた ことを 知《し》らせる 文しょうを 書《か》きましょう。

話《はな》を 聞き、メモを 作《つく》る

あなたが すんで いる 町で はたらいて いる 人や、しごとを して いる 家《か》ぞくなどに 話を 聞いて みよう。

❶ あなたの 〈メモ〉を 作りましょう。

〈メモ〉

・話を 聞いた 人
（　　　　）

・どんな しごとか

・しごとを して いて うれしいのは、どんな ときか

・話を 聞いて 思《おも》った こと

・しごとに ついて どう 思ったか
・もっと 知りたいと 思った こと
・自分《じぶん》は どう したいと 思ったか
などを 書こう。

文しょうを　書く

2 前《まえ》の　ページの　〈メモ〉を　見て、文しょうを　書きましょう。
うすい　字は　なぞりましょう。

話を　聞いた人

▼どちらかを　◯で　かこもう。

（ぼく・わたし）は、（　　　　）に、
について話を聞きました。

どんな　しごとか

（　　　　のしごとは）、

しごとを　して　いて　うれしいのは、

しごとを　して　いて　うれしいのは、どんな　ときか

（　　　　）

（　　　　）

話を　聞いて　思った　こと

（話を聞いて、　　　　）

「～そうです。」と　いう　言《い》い方《かた》を　つかって　みよう。

32 本で しらべた こと ①

本で しらべた ことを つたえる 文しょうの 書《か》き方《かた》

知《し》りたい ことを 本で しらべて、わかった ことを つたえる 文しょうを 書《か》きましょう。

① しらべる ことを きめよう。
生きものや しょくぶつなど しらべたい ものを 一つ えらんで、それに ついて、とくに どんな ことを 知りたいか、二つ 考《かんが》えよう。

② 知りたい ことが 書いて ありそうな 本を えらんで 読《よ》もう。
だい名や もくじを 見て、本を さがして みよう。

③ わかった こと、思《おも》った ことを メモに 書こう。

④ メモを もとに 文しょうを 書こう。
「わかった こと」は、「〜と わかりました。」「〜だそうです。」「〜と 書いて ありました。」などと 書こう。

しらべる ことを きめる

① あなたが しらべたい ものを 考えて、（　）に 書きましょう。また、しらべたい ものに ついて、とくに 知りたい ことを 二つ 考えて 書きましょう。

この 前《まえ》 テレビで 見た、クジラの ことを しらべたいな！

〈はるさんの れい〉

・しらべる もの
（ クジラ ）

・知りたい こと①
〔 クジラの 赤ちゃんは、どれぐらいの 大きさか。 〕

・知りたい こと②
〔 クジラの しおふきの しくみは、どう なって いるのか。 〕

〈あなたの　しらべる　こと〉

・あなたの　しらべる　もの

生きものや　しょくぶつ、食《た》べもの、のりものなど、「くわしく知りたいな。」「ふしぎだな。」と思って　いる　ものを　えらぼう。

・知りたい　こと①

・知りたい　こと②

とくに　どんな　ことをしらべたいかな？　考えて　書こう。

本を　えらんで　読む

❷ ❶の　ことを　しらべる　ために読んだ　本の　だい名を　書きましょう。

〈はるさんの　れい〉

「海《うみ》の生きものびっくり図《ず》かん」

〈あなたが　読んだ　本〉

本を　さがす　ときは、だい名や※もくじを　見よう。どんなことが　書いて　ある　本かが、だいたい　わかるよ。

※もくじ
本の　はじめに
あるよ。

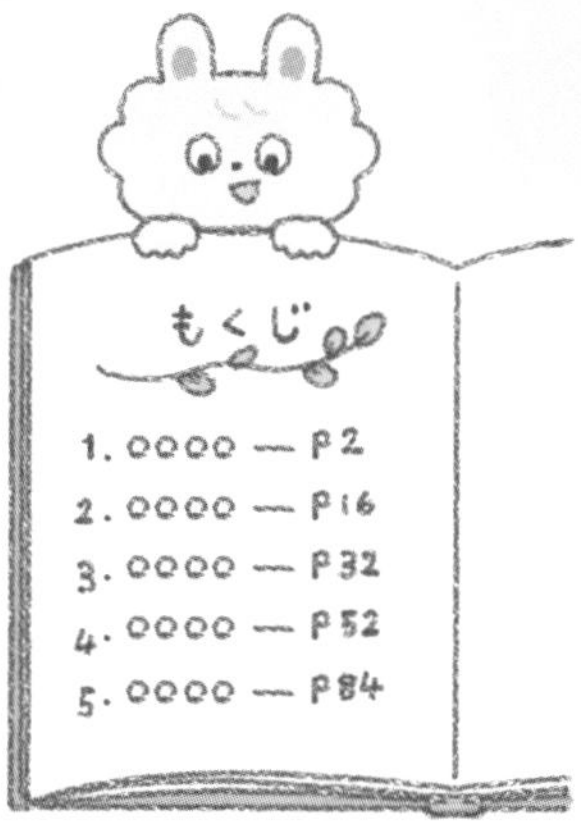

知りたい　ことに　かんけいの　あることばを　さがしながら　読もう。

33 本で しらべた こと ②

わかった ことを メモに 書《か》く

❶ 67ページで 考《かんが》えた 知《し》りたい ことに ついて、本で しらべて わかった ことを 書きましょう。

〈はるさんの れい〉

・知りたい こと①に ついて わかった こと

クジラの 中で いちばん 大きい シロナガスクジラの 赤ちゃんの 大きさは、七メートルぐらい。

・知りたい こと②に ついて わかった こと

クジラの しおふきは、クジラが いきを はく ときに、海水《かいすい》が ふきとばされて、白く 見える ものだと いう こと。

〈あなたの メモ〉

・知りたい こと①に ついて わかった こと

・知りたい こと②に ついて わかった こと

❷ しらべて 思《おも》った ことを 書きましょう。

〈はるさんの れい〉

赤ちゃんなのに、七メートルも あるなんて、すごいな。

「〜と 知って、おどろいた。」、「○○に ついて、もっと 知りたい。」など、思った ことや 考《かんが》えた ことを 書こう。

〈あなたが 思った こと〉

3 〈はるさんの　メモ〉を　見て、〈はるさんの　文しょう〉の（　）に　合《あ》う　ことばを　書きましょう。うすい　字は　なぞりましょう。

文しょうに　書く　ことを、〈メモ〉に　まとめたよ。

〈はるさんの　メモ〉

・しらべる　もの　クジラ
・読《よ》んだ　本　「海《うみ》の生きものびっくり図《ず》かん」
・知りたい　こと①に　ついて　わかった　こと
（クジラの　中で　いちばん　大きい　シロナガスクジラの　赤ちゃんの　大きさは、七メートルぐらい。）
・知りたい　こと②に　ついて　わかった　こと
（クジラの　しおふきは、クジラが　いきを　はく　ときに、海水が　ふきとばされて、白く　見える　ものだと　いう　こと。）
・しらべて　思った　こと
（赤ちゃんなのに、七メートルも　あるなんて、すごいな。）

本の　だい名には、かぎ（「　」）を　つけるよ。

〈はるさんの　文しょう〉

ぼくは、（クジラについて）、
「海の生きものびっくり図かん」（という本で）
（しらべました）。
クジラの　中で　いちばん　大きい　シロナガスクジラの
（　　　　）の　大きさは、
七メートルぐらいだと（わかりました）。
（それから）、クジラの（　　　　）は、
クジラが　いきを　はく　ときに、海水が　ふきとばされて、
白く　見える　ものだと（わかりました）。
ぼくは、赤ちゃんなのに、七メートルも　あるなんて、
（と思いました）。

34 本で しらべた こと ③

① あなたが しらべた ことを 〈メモ〉に まとめます。
67・68ページに 書《か》いた ことを （　）に 書きましょう。

本に 書いて あった ことを 正しく 書けて いるかな。

〈メモ〉

67ページを 見よう。

・しらべる もの（　　　　　）

・読《よ》んだ 本「（　　　　　）」

・知《し》りたい こと①に ついて わかった こと

68ページを 見よう。

・知りたい こと②に ついて わかった こと

68ページを 見よう。

・しらべて 思《おも》った こと

❷ 前《まえ》の ページの 〈メモ〉を 見て 文しょうを 書きましょう。
うすい 字は なぞりましょう。

しらべる もの

読んだ 本

かぎ(「 」)を つけよう。

▼どちらかを （　）で かこもう。

（ぼく・わたし）は、（　　　　）に ついて、

「　　　　」と いう 本で

（しらべました）。

知りたい こと①に ついて わかった こと

（　　　　わかりました。）

知りたい こと②に ついて わかった こと

（それから、　　　　）

しらべて 思った こと

（　　　　）

35 見学した こと ①

見学して わかった ことを つたえる 文しょうの 書《か》き方《かた》

みの 回《まわ》りに ある 場《ば》しょを 見学して、わかった ことを つたえる 文しょうを 書きましょう。

① 見学しながら 見た こと・聞《き》いた こと・気づいた ことを メモに 書こう。

② 〈見学メモ〉を もとに、文しょうに 何《なに》を 書くか 考《かん》えて、〈作文《さくぶん》メモ〉を 作《つく》ろう。

③ 〈作文メモ〉を もとに、文しょうを 書こう。

◆文しょうの 組《く》み立《た》て

はじめ…見学した 場しょ
なか　…見学して わかった こと
おわり…見学して みて 思《おも》った こと

見学しながら メモを 書く

〈えみさんの 見学の ようす〉

❶ 上の まんがを 見て、〈えみさんの 見学メモ〉の （　）に 合う ことばを 書きましょう。

〈えみさんの 見学メモ〉

- 見学した 場しょ ふれあいセンター
  - ●三かいだての たてもの
  - ●一かい…子ども図書室
    - ・（　　　　）や 紙しばいが たくさん ある。
    - ・学校の 図書室と くらべて、ひくい

本だなが 多い。

○聞いた こと

絵本は、ぜんぶで（　　）さつ

ぐらい ある。

●二かい…会ぎ室

・大きい へやが 一つと、小さい へやが 二つ。

○聞いた こと

・市内に すんで いる 人なら、よやくを

すれば、つかう ことが できる。

・話し合いを する ときや、グループで

外国語や 絵の（　　）を する

ときなどに つかう 人が 多い。

●三かい…じむ室

・この センターの かたが、（　　）を

する へや。

●一かい…休けい室（子ども図書室の となり）

・テーブルと いす　・自《じ》どうはん売《ばい》き

●思った こと

とても いい 場しょだな。

この〈見学メモ〉を もとに、〈作文メモ〉を 作るよ！

36 見学した こと②

作文《さくぶん》メモを 作《つく》る

はじめ…見学した 場《ば》しょ
なか　…見学して わかった こと
おわり…見学して みて 思《おも》った こと

この 組《く》み立《た》てで、〈作文メモ〉を 作るよ。書《か》く じゅん番《ばん》を 考《かんが》えたり、せつ明《めい》を くわしくしたり して、文しょうに 書く ことを きめるよ。

1 〈えみさんの 見学メモ〉を 見て、下の 〈えみさんの 作文メモ〉の （　）に 合《あ》う ことばを 書きましょう。

〈えみさんの 見学メモ〉

・見学した 場《ば》しょ　ふれあいセンター

●三かいだての たてもの
●一かい…子ども図書室《としょしつ》
・絵本《えほん》や 紙《かみ》しばいが たくさん ある。
・学校の 図書室と くらべて、ひくい 本だなが 多《おお》い。

〈えみさんの 作文メモ〉

はじめ

（　　　　）を 見学した。

なか

●三かいだての たてもの。
●一かい…子ども図書室と、（　　　　）室が あった。
・子ども図書室には、絵本や 紙しばいが たくさん あった。
・学校の 図書室と くらべて、（　　　　）本だなが 多かった。
・休けい室は、子ども図書室の となりに あった。
・（　　　　）が あった。
・自どうはん売きも あった。

○聞いた こと
絵本は、ぜんぶで 四千五百さつぐらい ある。

○聞《き》いた こと
絵本は、ぜんぶで
四千五百さつぐらい ある。
●二かい…会《かい》ぎ室《しつ》
・大きい へやが 一つと、小さい へやが 二つ。
○聞いた こと
・市内《しない》に すんで いる 人なら、よやくを
すれば、つかう ことが できる。
・話《はな》し合《あ》いを する ときや、グループで
外国語《がいこくご》や 絵の レッスンを する
ときなどに つかう 人が 多い。
●三かい…じむ室
・この センターの かたが、しごとを
する へや。
●一かい…休《きゅう》けい室《しつ》（子ども図書室の となり）
・テーブルと いす ・自《じ》どうはん売《ばい》き
●思った こと
とても いい 場しょだな。

会ぎ室の 大きさを、もっと わかりやすく せつ明したいな。それから、休けい室は 一かいだから、子ども図書室の つぎに 書く ことに しよう。あとは……。

●二かい…会ぎ室が あった。
・ふつうの 教室《きょうしつ》ぐらいの 大きさの へやが 一つと、
その 半分《はんぶん》ぐらいの へやが （　　） あった。
○聞いた こと
・市内に すんで いる 人なら、よやくを すれば、
つかう ことが できる。
・（　　　）を する ときや、
グループで 外国語や 絵の レッスンを する
ときなどに つかう 人が 多い。
●三かい…（　　）が あった。
・この センターの かたが、しごとを する へや。

おわり

小さい 子どもも 大人《おとな》も り用《よう》できるから、
とても いい 場しょだな。

どうして いい 場しょだと 思ったかが よく わかるように、くわしく 書く ことに したよ。

文しょうに 書く ことを しっかり きめる ことが できたね。

37

見学した こと ③

文しょうを 書《か》く

文しょうを 書く ときは、自分《じぶん》が 見た ことや 気づいた ことと、人から 聞《き》いた ことは 分《わ》けて 書こう。

- つくえが 十五こ ありました。（見た こと）
- つくえは 十五こ あるそうです。（聞いた こと）

1 〈えみさんの 作文《さくぶん》メモ〉を 見て、下の 〈えみさんの 文しょう〉の （　）に 合《あ》う ことばを 書きましょう。うすい 字は なぞりましょう。

〈えみさんの 作文メモ〉

はじめ

ふれあいセンターを 見学した。
- 三かいだての たてもの。
- 一かい…子ども図書室《としょしつ》と、休《きゅう》けい室《しつ》が あった。
  - 子ども図書室には、絵本《えほん》や 紙《かみ》しばいが たくさん あった。

〈えみさんの 文しょう〉

わたしは、ふれあいセンターを（見学し ました）。

三かいだての たてものの 一かいには、子ども 図書室と、休けい室が（ありました）。

子ども図書室には、絵本や 紙しばいが たくさん ありました。学校の 図書室と くらべて、ひくい 本だなが 多かったです。センターの かたに（聞いたら）、絵本は、ぜんぶで 四千五百 さつぐらい（あるそうです）。

休けい室は、子ども図書室の となりに ありました。テーブルと いすが ありました。自どうはん売きも（　　　　）。

二かいには、（　　　　）が ありました。

なか

・学校の 図書室と くらべて、ひくい 本だなが 多《おお》かった。
・休けい室は、子ども図書室の となりに あった。
・テーブルと いすが あった。
・自《じ》どうはん売《ばい》きも あった。
○聞いた こと
絵本は、ぜんぶで 四千五百さつ ぐらい ある。
●二かい…会《かい》ぎ室《しつ》が あった。
・ふつうの 教室《きょうしつ》ぐらいの 大きさの へやが 一つと、その 半分《はんぶん》ぐらいの へやが 二つ あった。
○聞いた こと
・市内《しない》に すんで いる 人なら、よやくを すれば、つかう ことが できる。
・話《はな》し合《あ》いを する ときや、グループで 外国語《がいこくご》や 絵の レッスンを する ときなどに つかう 人が 多い。
●三かい…じむ室が あった。
・この センターの かたが、しごとを する へや。

おわり

小さい 子どもも 大人《おとな》も り用《よう》できる から、とても いい 場《ば》しょだな。

ふつうの（　　　）ぐらいの 大きさの へやが 一つと、その 半分ぐらいの へやが 二つ ありました。（この会ぎ室は）、市内に すんで いる 人なら、よやくを すれば、つかう ことが できる（そうです）。話し合いを する ときや、グループで（　　　）の レッスンを する ときなどに つかう 人が（　　　）。

三かいには、じむ室が ありました。ここは、この センターの かたが、（　　　）へやです。

ふれあいセンターを（見学して）、小さい 子どもも 大人も り用できるから、とても（　　　）と 思《おも》いました。

38 しを 書《か》く ①

しの 書《か》き方《かた》

心《こころ》が うごいた ことを、しに 書きましょう。

し…見た ことや した こと、聞《き》いた 音や
かんじた ことを、みじかい
ことばで 自《じ》ゆうに 書いた もの。

◆心が うごいた ことを 思《おも》い出《だ》そう。
●どきどきした ●びっくりした
●うれしい ●かわいい ●おもしろい
●おいしい ●はじめて 気が ついた など

◆その ときに、見た こと・した こと・聞いた
音・かんじた ことなどを、みじかい
ことばで 書こう。

◆音や ようすを あらわす ときに、つかいたい
ことばが あったら、それも 書こう。
●音を あらわす ことば…ザーザー・シュッ など
●ようすを あらわす ことば…きらきら・
ぷるん など

メモを 作《つく》る

① 左の まんがを 見て、つぎの ページの
〈えみさんの メモ〉の （ ）に 合《あ》う
ことばを 書きましょう。

〈えみさんの　メモ〉

・心が　うごいた　こと

（　　　　　　）を

食べた　こと

・見た　こと・した　こと・
聞いた　音・かんじた　こと

・まっかな　さくらんぼ。

・丸《まる》くて　ぴかぴかして
いる。

・（　　　　　　）みたい。

・ぱくっと　食べた。

・（　　　　　　）
おいしい。

・さくらんぼ　大すき。

さくらんぼの　ようすを
「ぴかぴか」と　いう
ことばを　つかって
書きたいと　思ったんだ。

しを　書く

❷ 〈えみさんの　し〉の　うすい　字を　なぞりましょう。

〈えみさんの　し〉

しの　だい名を　書こう。

さくらんぼ

青山《あおやま》　えみ

（まっかな）さくらんぼ
丸くて（ぴかぴか）
（ほう石みたい）
（ぱくっと）食べた
あまずっぱくて
（おいしいな）
さくらんぼ（大すき）

おいしそうな
さくらんぼの
ようすや、
その　ときの
えみさんの
気もちが、
つたわって
くるよ！

39 しを 書《か》く ②

あなたの 心《こころ》が うごいた ことを、しに
書《か》きましょう。

メモを 作《つく》る

- どきどきした
- びっくりした
- うれしい
- かわいい
- おもしろい
- おいしい
- はじめて 気が ついた

など

心が うごいた ことを
よく 思《おも》い出《だ》して、つかいたい
ことばを メモに 書き出そう。

❶ あなたの 〈メモ〉を 作りましょう。

〈メモ〉

- 心が うごいた こと
（　　）
- 見た こと・した こと・聞《き》いた 音・かんじた こと

みじかい
ことばや 文で
書こう。
音や ようすを
あらわす
ときに
つかいたい
ことばが
あったら
書こう。

しを 書く

❷ 前《まえ》の ページの 〈メモ〉を 見て、しを 書きましょう。

だい名を 考《かんが》えて 書こう。

名前《なまえ》

メモに 書いた ことばを
ならべかえたり、
くりかえしたり、
自《じ》ゆうに
くふうして みよう！

40 お話《はなし》を 作《つく》る ①

お話《はなし》の 作《つく》り方《かた》

絵《え》を 見て、□に 入る ことばや 文を 考《かんが》えて、お話を 作りましょう。

◆絵を よく 見て、場《ば》めんの ようすや、とう場人《じょうじん》ぶつが した ことや 言《い》った ことを そうぞうしよう。

◆①→②→③と、お話が つながるように、②の 場めんを 考えよう。

①で おなかを すかせて いる 二人《ふたり》が、③で りんごを 食《た》べて いるね。②の 場めんで、どんな ことが あったのか、そうぞうして みよう。

①

くまの □と
うさぎの □は、
いつも なかよし。
　きょうも たくさん
あそんで、おなかが
すいて しまいました。

②

?

□が、
「□。」
と 言いました。それを 聞《き》いて
□は、
「□。」
と 言いました。そして、二人は
□

③

二人は、
□
□

1 ①に 出て くる とう場人ぶつの 名前《なまえ》を 考えて 書《か》きましょう。

〈はるさんの れい〉

（プリン）

（クッキー）

おかしの 名前に したんだ！

〈あなたが 考えた 名前〉

（　　　　）

（　　　　）

あなたの すきな 名前を つけよう。

2 (1) ②の 場めんを 考えます。二人が 言った ことを 考えて、□に 書きましょう。

〈はるさんの れい〉

食べものを さがしに 行《い》こうよ。

そう しよう。森へ 行って みようか。

おなかが すいた 二人は、どんな 話を するかな？ そうぞう して みよう。

〈あなたが 考えた ことば〉

□

□

(2) (1)のように 話《はな》した あと、二人が した ことを 考えて、（　）に 書きましょう。

二人が 言った ことや ③の 場めんに つながるように 考えて みよう。

〈はるさんの れい〉

（森の 中へ、食べものを さがしに 行った。）

〈あなたが 考えた こと〉

（　　　　）

❶ ③の 場《ば》めんで、二人《ふたり》が した ことを 考《かんが》えて 書《か》きましょう。

〈はるさんの れい〉

森の 中で、りんごの 木を 見つけた。そして、大よろこびで りんごを 食《た》べた。

〈あなたが 考えた こと〉

82ページの ③の 場めんの 絵《え》を 見て、そうぞうしよう。②の 場めんの 文しょうと つながるように 考えるよ。

メモを 作《つく》る

〈はるさんの メモ〉

①	②	③
・くま…プリン ・うさぎ…クッキー	・くまが 言《い》った こと 「食べものを さがしに 行《い》こうよ。」 ・うさぎが 言った こと 「そう しよう。森へ 行って みようか。」 ・二人が した こと 森の 中へ、食べものを さがしに 行った。	・二人が した こと 森の 中で、りんごの 木を 見つけた。そして、大よろこびで りんごを 食べた。

メモを 作ったら、①→②→③の お話《はなし》が つながって いるか、たしかめよう。

❷ 前《まえ》の ページの 〈はるさんの メモ〉を 見て、〈はるさんの お話〉の（　）に 合《あ》う ことばを 書きましょう。うすい 字は なぞりましょう。

〈はるさんの お話〉

①

くまの プリンと うさぎの （　　　　）は、いつも なかよし。

きょうも たくさん あそんで、おなかが すいて しまいました。

②

プリンが、

（「食べものを さがしに 行こうよ。」）

と言いました。それを 聞《き》いて クッキーは、

「そう しよう。（　　　　）へ 行って みようか。」

と 言いました。そして、二人は 森の 中へ、食べものを さがしに 行きました。

③

二人は、森の 中で、（　　　　　　）。

（そして）、大よろこびで りんごを 食べました。

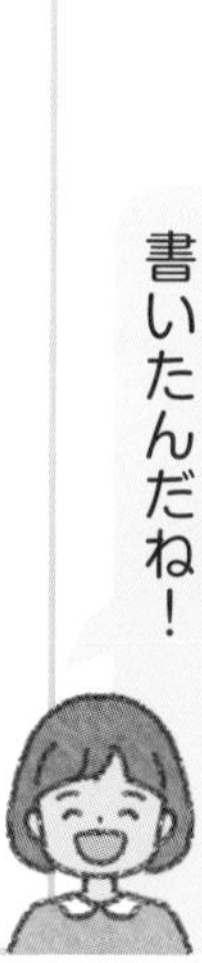

42

お話《はなし》を 作《つく》る ③

メモを 作《つく》る

❶ 83・84ページで あなたが 書《か》いた ことを 見て、〈あなたの メモ〉を 作りましょう。

〈あなたの メモ〉

①（83ページの❶を 見よう。）

・くま…（　　）

・うさぎ…（　　）

②（83ページの❷を 見よう。）

・くまが 言《い》った こと
「（　　）。」

・うさぎが 言った こと
「（　　）。」

・二人《ふたり》が した こと
（　　）

③（84ページの❶を 見よう。）

・二人が した こと
（　　）

2 前《まえ》の ページの 〈あなたの メモ〉を 見て、お話を 書きましょう。
うすい 字は なぞりましょう。

① 

② かぎ（「　」）を つけて 書こう。

③ 

①
くまの（　　）と うさぎの（　　）は、
いつも なかよし。
きょうも たくさん あそんで、おなかが すいて しまいました。

②
（　　）が、
「（　　）」。
と 言いました。それを 聞《き》いて（　　）は、
（　　）
と 言いました。そして、二人は
（　　）

③
（二人は、　　）

43 一年間《ねんかん》の 思《おも》い出《で》 ①

できごとを つたえる 文しょうの 書《か》き方《かた》

一年間《ねんかん》の 思《おも》い出《で》の 中で、いちばん 心《こころ》に のこって いる ことを つたえる 文しょうを 書きましょう。

◆つたえたい 思い出を 一つ きめよう。

・楽《たの》しかった こと ・がんばった こと
・うれしかった こと ・おどろいた こと など

◆その ときに した ことや 思った ことを 思《おも》い出《だ》して、じゅんじょ よく 書こう。

れい

メモを 作《つく》る

① 上の まんがを 見て、〈えみさんの メモ〉の （　）に 合《あ》う ことばを 書きましょう。

〈えみさんの メモ〉

・心に のこって いる こと
（　　　　）が できるように なった こと。

・した ことや 思った こと
・一年生の ときから れんしゅうして いたけれど、すぐ 引っかかって しまって、一回も できなかった。
・休《やす》み時間《じかん》に れんしゅうして いたら、しゅんさんが、
「ひざを まげて、少し （　　　　） とぶと いいよ。」
と 教《おし》えて くれた。
・その とおりに 何回も やって みたら、できるように なった。
・とても うれしかった。

・今《いま》 思って いる こと
もっと れんしゅうして、（　　　　）で とべるように なりたい。

②　前《まえ》の　ページの　〈えみさんの　メモ〉を　見て、〈えみさんの　文しょう〉の（　）に　合う　ことばを　書きましょう。うすい　字は　なぞりましょう。

〈えみさんの　文しょう〉

心に　のこって　いる　こと

わたしは、二じゅうとびが　できるように　なった　ことが、（心にのこっています）。一年生の　ときから　れんしゅうして　いたけれど、すぐ引っかかって　しまって、一回も（できませんでした）。

した　ことや　思った　こと

休み時間に　れんしゅうして　いたら、しゅんさんが、
「（　　　）を　まげて、少し（　　　）とぶと　いいよ。」
と　教えて　くれました。その　とおりに　何回も　やって　みたら、できるように　なりました。とても（うれしかったです）。

今　思って　いる　こと

これから　もっと　れんしゅうして、（　　　）で
とべるように　なりたいと（思います）。

思い出しながら、考《かんが》えた
ことを　書こう。
・「また　○○したい。」
・「○○して　よかった。」
など

あなたの 一年間《ねんかん》の 思《おも》い出《で》の
中で、いちばん 心《こころ》に のこって
いる ことを つたえる 文しょうを
書《か》きましょう。

メモを 作《つく》る

いちばん
- 楽《たの》しかった こと
- がんばった こと
- うれしかった こと
- おどろいた こと

など

あなたの いちばんの 思い出を
よく 思い出して みよう。

① あなたの 〈メモ〉を 作りましょう。

〈メモ〉

・心に のこって いる こと

した ことや 思った ことを よく 思い出して、じゅん番《ばん》に 書こう。

・した ことや 思った こと

思い出しながら、考《かん》えた ことを 書こう。
・「また ○○したい。」
・「○○して よかった。」 など

・今《いま》 思って いる こと

文しょうを　書く

❷ 前《まえ》の　ページの　〈メモ〉を　見て、文しょうを　書きましょう。
うすい　字は　なぞりましょう。

▶どちらかを ◯で かこもう。

（ぼく・わたし）は、（　　　　　が心にのこっています）。

心に　のこって　いる　こと

した　ことや　思った　こと

今　思って　いる　こと

文しょうを　読《よ》む　人に、その　ときの　ことが　よく　わかるように　書いて　みよう。

45

三年生に なったら したい こと ①

思《おも》って いる ことを つたえる 文しょうの 書《か》き方《かた》

三年生に なったら したい ことを つたえる 文しょうを 書きましょう。

●やって みたい こと ●がんばりたい こと
●つづけて いきたい こと ●行《い》きたい ところ など

◆「その わけ」は、「どうしてかと いうと、～からです。」と いう 言《い》い方《かた》で 書こう。

◆「今《いま》 思って いる こと」を、くわしく 書こう。

●どんな ふうに したいか ●どう なりたいか
●それを すると、どう なると 思うか
●今から どんな じゅんびを するか など

メモを 作《つく》る

① 上の まんがを 見て、〈はるさんの メモ〉の（ ）に 合《あ》う ことばを 書きましょう。

〈はるさんの メモ〉

・したい こと
（　　　　）を がんばりたい。

・その わけ
二年生で、かけ算や 長さを ならって、
算数で おぼえた ことが、とても
（　　　　）と わかったから。

・今 思って いる こと
（　　　　）の もんだいを、
すらすら とけるように なりたい。
三年生に なる 前に、二年生の 算数の
（　　　　）を したい。

文しょうを　書く

2 前《まえ》の　ページの　〈はるさんの　メモ〉を　見て、〈はるさんの　文しょう〉の（　）に　合う　ことばを　書きましょう。うすい　字は　なぞりましょう。

〈はるさんの　文しょう〉

したい　こと

その　わけ

今　思って　いる　こと

ぼくは、三年生に　なったら、（算数をがんばりたいです）。

（どうしてかというと）、二年生で、かけ算や　長さを　ならって、算数で　おぼえた　ことが、とても（　　　）と（からです）。

わり算の　もんだいを、すらすら（　　　）ように（なりたいです）。

三年生に　なる　前に、二年生の　算数の　ふくしゅうを　したいと（思います）。

文しょうに　書いたら、ますます　やる気が　出て　きたよ！

はるさんは、「今　思って　いる　こと」に、「どう　なりたいか」と、「今から　どんな　じゅんびを　するか」を　書いて　いるよ。

46

三年生に なったら したい こと ②

あなたが 三年生に なったら したい ことを つたえる 文しょうを 書《か》きましょう。

メモを 作《つく》る

- やって みたい こと
- がんばりたい こと
- つづけて いきたい こと
- 行《い》きたい ところ など

三年生に なった 自分《じぶん》を そうぞうして みよう！

❶ あなたの 〈メモ〉を 作《つく》りましょう。

〈メモ〉

・したい こと

・その わけ

・今《いま》 思《おも》って いる こと

・どんなふうに したいか
・どう なりたいか
・それを すると、どう なると 思うか
・今から どんな じゅんびを するか
などを くわしく 書こう。